JE DÉCOUVRE MA COMMUNAUTÉ

Alicia Rodriguez

LE BUREAU DE POSTE

Un livre de la collection Les racines de Crabtree

CRABTREE
Publishing Company
www.crabtreebooks.com

Soutien de l'école à la maison pour les parents, les gardiens et les enseignants

Ce livre aide les enfants à se développer grâce à la pratique de la lecture. Voici quelques exemples de questions pour aider le lecteur ou la lectrice à développer ses capacités de compréhension. Les suggestions de réponses sont indiquées en rouge.

Avant la lecture

- De quoi ce livre parle-t-il?
  - *Je pense que ce livre parle d'un bureau de poste.*
  - *Je pense que ce livre parle de ce que je peux voir dans un bureau de poste.*

- Qu'est-ce que je veux apprendre sur ce sujet?
  - *Je veux savoir qui travaille dans un bureau de poste.*
  - *Je veux apprendre comment mettre une lettre à la poste.*

Pendant la lecture

- Je me demande pourquoi...
  - *Je me demande pourquoi le commis au courrier pèse les colis.*
  - *Je me demande pourquoi le courrier est trié.*

- Qu'est-ce que j'ai appris jusqu'à présent?
  - *J'ai appris que les commis au courrier travaillent à l'intérieur des bureaux de poste.*
  - *J'ai appris que les gens déposent les lettres dans les boîtes aux lettres.*

Après la lecture

- Nomme quelques détails que tu as retenus.
  - *J'ai appris que des camions postaux transportent le courrier.*
  - *J'ai appris que les facteurs distribuent le courrier.*

- Lis le livre à nouveau et cherche les mots de vocabulaire.
  - *Je vois le mot **timbres** à la page 4 et le mot **colis** à la page 7. Les autres mots de vocabulaire se trouvent à la page 14.*

Allons au **bureau de poste.**

Nous pouvons
acheter des
timbres.

Fruits & Vegetables
Twenty First-Class™ Forever® Stamps
UNITED STATES POSTAL SERVICE

CANADA - CANADA
POSTES POSTAGE

B 30
kg
Tara
F
ON OFF

La commis au
courrier pèse
un **colis**.

Les gens déposent les lettres dans les boîtes aux lettres.

Les travailleurs trient le courrier à l’arrière.

Le courrier part
en camion.

www.usps.com

Un **facteur** distribue le courrier.

Liste de mots

Mots courants

acheter
allons
au
dans
déposent
des
facteur
les
lettres
nous
pouvons
travailleurs
un

La boîte à mots

bureau de poste

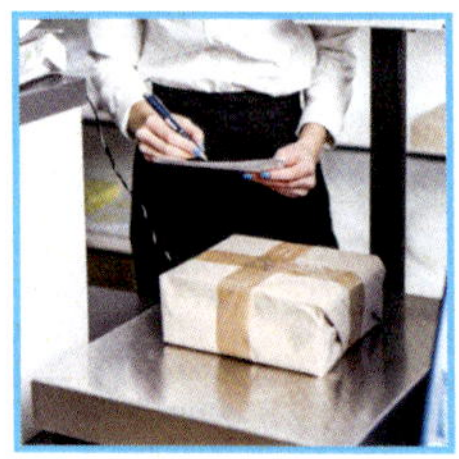

colis

facteur

timbres

44 mots

Allons au **bureau de poste**.

Nous pouvons acheter des **timbres**.

La commis au courrier pèse un **colis**.

Les gens déposent les lettres dans les boîtes aux lettres.

Les travailleurs trient le courrier à l'arrière.

Le courrier part en camion.

Un **facteur** distribue le courrier.

CRABTREE Publishing Company

Autrice : Alicia Rodriguez
Conception : Rhea Wallace
Développement de la série :
James Earley
Correctrice : Janine Deschenes
Conseils pédagogiques :
Marie Lemke M.Ed.
Traduction : Annie Evearts
Coordinatrice à l'impression :
Katherine Berti
Références photographiques :
Shutterstock : mikeeledray : couverture (haut gauche); Bbrown : couverture (haut droite); Samatha Gatesman : couverture (bas); Ken Wolter : p. 3, 14; chara_stagram : p. 5, 14; rlat : p. 6, 14; Joni Hanebutt : p. 8; bibiphoto : p. 9; cleanfotos : p. 10-11; MonleyBusiness Images : p. 13, 14

Crabtree Publishing Company
www.crabtreebooks.com 1-800-387-7650

Publié aux États-Unis
Crabtree Publishing
347 Fifth Avenue
Suite 1402-145
New York, NY, 10016

Publié au Canada
Crabtree Publishing
616 Welland Ave.
St. Catharines, Ontario
L2M 5V6

Imprimé au Canada/072021/CPC

Catalogage avant publication de Bibliothèque et Archives Canada

Titre: Le bureau de poste / Alicia Rodriguez ; texte français d'Annie Evearts.
Autres titres: Post office. Français
Noms: Rodriguez, Alicia, auteur.
Description: Mention de collection: Je découvre ma communauté | Collection Crabtree "Les racines" Traduction de : Post office.
Identifiants: Canadiana (livre imprimé) 20210256311 | Canadiana (livre numérique) 2021025632X | ISBN 9781039605015 (couverture souple) | ISBN 9781039605077 (HTML) | ISBN 9781039605138 (EPUB) | ISBN 9781039605190 (livre numérique avec narratior
Vedettes-matière: RVM: Postes—Ouvrages pour la jeunesse.
Classification: LCC HE6078 .R6314 2022 | CDD j383—dc2